Contes du Monde

Moyen Orient

Ali Baba et les quarante voleurs

D'après les Contes des Mille et Une Nuits

Adaptation : Sophie Pirson

LA ROSE DES VENTS EDITIONS
Collection Contes du Monde

On raconte qu'il y a de cela bien longtemps, dans les temps reculés et le passé des âges, dans une ville d'entre les villes de Perse, vivaient deux frères. L'aîné avait pour nom Kassim, le cadet s'appelait Ali Baba.

Le père de Kassim et d'Ali Baba mourut en ne laissant à ses fils qu'un maigre héritage. Quand les deux frères eurent tué les deux moutons, mangé les trois poules et moulu les derniers grains, il leur resta comme seule fortune, un ballot de fourrage qui se dispersa au premier grand vent.

L'aîné, Kassim, lassé de se réveiller chaque jour plus sec, plus décharné, plus affamé que la veille, décide, par un beau matin de changer le cours de son destin. Il va trouver l'entremetteuse Halima, lui offre toute la vigueur qui lui reste et prouve ainsi qu'il sera un bon mari. La marieuse, encore parcourue de frissons et convaincue de la bonne santé de Kassim, lui donne pour épouse une adolescente au corps parfait, dotée d'un gîte et d'une boutique bien garnie au centre du souk.

Ali Baba, lui, devient bûcheron. Avant le premier hiver, il put s'acheter un âne ; au printemps, un deuxième. A la fin de l'été, trois ânes le soulagent du poids des fagots.

Un jour, un bûcheron, en admiration devant le courage et la ténacité d'Ali Baba, lui donne son unique fille. A chaque printemps, et cela pendant neuf années, naissent de leur union un enfant beau comme la lune. Ali Baba nourrit les siens avec le fruit de la vente des bois coupés. La douceur de son épouse, le rire de ses enfants et le courage de ses ânes, suffisent à son bonheur.

Or, par un matin de soleil brûlant, Ali Baba coupe du bois dans la forêt. Non loin de lui, ses ânes se prélassent, paissent et pètent sur l'herbe moussue, à l'ombre d'un grand arbre. Ali baba pose un instant sa cognée pour s'éponger le front et observe autour de lui un silence étrange : les oiseaux se taisent ; les ânes lèvent la tête et dressent les oreilles, les naseaux ouverts au vent, ils hument l'air. Ali Baba colle son oreille contre terre et entend un bruit de galop effrayant. Il reste cloué au sol, écoutant le bruit qui se rapproche. Ali Baba n'est pas homme d'aventure, il est de tempérament paisible et peu préparé à l'art du combat. Il se relève, regarde autour de lui et pense que l'arbre qui offre son ombre aux ânes, fera une excellente cachette. Il y grimpe sans attendre. A travers le feuillage, Ali Baba voit arriver, dans un soulèvement de poussière, une troupe de cavaliers. Les hommes qui montent ces fringants chevaux ont la mine sombre, l'oeil étincelant, la barbe drue, lisse et pointue et les lames nues de leurs poignards brillent au soleil. Pour Ali Baba, il n'y a pas de doute : ces hommes sont des bandits de grands chemins, des voleurs cruels et féroces, des coupeurs de tête de la pire espèce.

Les cavaliers passent en dessous d'Ali Baba, il en compte quarante, pas un de plus, pas un de moins. Sur un ordre de leur chef, les bandits se rassemblent, mettent pied à terre, débrident leurs chevaux et chargent sur leur épaule un sac dont le poids les oblige à courber le dos. Le chef en tête, ils forment une file et marchent jusqu'au pied du rocher tout proche. Le chef s'arrête face au rocher et crie :

– « Sésame, ouvre-toi ! »

Immédiatement, la pierre se fend et s'ouvre largement. Le chef s'écarte et laisse passer quarante voleurs et leur chargement. Lorsque le dernier est entré, le chef se retourne et crie :

– « Sésame, ferme-toi ! »

Immédiatement, la pierre se soude et se scelle parfaitement. Sur son arbre, Ali Baba ne bouge pas, il ne tente aucun geste pour chasser les mouches qui volent autour de son turban ou pour éviter les branches qui lui piquent les épaules, le dos, les fesses et tout le reste...

Après un long moment, la pierre s'ouvre, les quarante voleurs sortent en balançant, au bout de leur bras, un sac vide. Avec leur «mine de goudron et leur barbe de cochon», ils enfourchent leur monture et tous ensemble, cavalent dans un soulèvement de poussière ! Quand l'air est enfin vide de leur trace et plein à nouveau du chant des oiseaux, Ali Baba ose retrouver le sol. Guidé par la plus grande curiosité, il s'approche du rocher. Il a devant lui une pierre lisse, sans aucune fente où glisser le plus petit doigt du plus petit de ses enfants.

– Par Allah, j'aimerais vérifier si la formule d'entrée aura le même pouvoir dans ma bouche que dans celle de ces canailles.

Ali Baba respire profondément et crie :

– « Sésame, ouvre-toi ! »

Immédiatement, la pierre se fend et s'ouvre largement... La curiosité donne des ailes à Ali Baba, il pénètre dans la caverne. Il entre dans une grande salle creusée dans le roc. Des rais de lumière descendent de failles percées dans la voûte et éclairent mille et un trésors. Partout s'entassent des provisions de bouche, des coupons de la soie la plus fine, des ballots de brocarts, des essences de parfum les plus rares, des épices en poudre et en feuilles, des coffres remplis d'or et de pierres précieuses. Les sacs et les coffres débordent. Des pièces d'or et des dinars par milliers recouvrent le sol.

Dans la tête d'Ali Baba, tout va très vite, il allonge le bras et saisit quelques sacs de pièces d'or. Il sort, charge un sac sur un âne, puis deux sacs, puis trois, rentre, prend quelques sacs, charge un sac sur un âne, puis deux, puis trois.

Ensuite, il revient face au rocher, bombe le torse, allonge le coup, respire profondément et crie :

– « Sésame, ferme-toi ! »

Immédiatement, le rocher se soude et se scelle parfaitement. Ali Baba retourne à ses ânes, les flatte doucement et les mène jusque chez lui, à petit pas de trot. Ils entrent dans la cour, Ali baba décharge les ânes, traîne les sacs jusqu'à l'intérieur et les retourne, un à un aux pieds de son épouse.

– Malheur soit sur nous ! Tu veux la perte de nos enfants ! Ramène cet or où tu l'as pris avant que le châtiment ne soit sur nous.

– Calme-toi ma colombe, si ce trésor ne nous était

pas dû, je peux t'assurer qu'il ne l'était guère plus à ceux chez qui je l'ai pris.

Et Ali Baba raconte toute l'histoire à son épouse. Eblouie, elle plonge sur le tas d'or et commence à compter les pièces.

– Arrête, ma pauvre femme, tu ne pourras jamais tout compter. Il nous faut cacher cet or au plus vite.

– Bien mon époux, mais avant d'enfouir tout ce trésor, nous devons connaître notre richesse et comme il est impossible de compter pièce par pièce, la meilleure chose est d'emprunter une mesure à grain chez ton frère.

Forte de sa trouvaille, elle court chez sa belle-soeur. L'épouse de Kassim reçoit sa belle-soeur ; comme d'habitude, elle est fière, hautaine et méprisante : les deux familles ne se nourrissent pas du même pain.

– Une mesure à grain ! Si cela peut faire ton bonheur, je vais de ce pas la chercher.

– Que peut-elle donc mesurer ? Ils sont si pauvres qu'ils achètent la poignée de grains nécessaire au pain de chaque jour.

Cette demande intrigue tant la perfide qu'elle met du suif au dos de sa mesure. Elle revient auprès de sa belle-soeur et lui tend l'objet avec un air doucereux. L'épouse d'Ali baba se hâte de rentrer, elle enfouit la mesure dans le tas d'or et chaque fois qu'elle la ressort pleine, elle dessine un trait sur le mur. Son travail terminé, elle va rendre la mesure. L'épouse de Kassim la remercie, ferme la porte, s'empresse de retourner la mesure et découvre une pièce d'or collée sur le ventre tendu de la louche. Le foie pétri de colère et le coeur gonflé de jalousie, elle attend le retour de Kassim. Lorsque Kassim franchit le seuil de sa maison, sa femme l'accueille :

– Tu croyais ton frère pauvre ? Détrompe-toi ! Les doigts de ses neuf enfants ne suffiraient pas à compter tout son or. Ton frère compte son or en mesure, comme le grainetier compte son grain.

Elle montre à son époux la pièce collante de suif et Kassim sent bouillir le sang dans ses veines et la bile s'échapper de son foie. Il court chez son frère avec la pièce d'or en main.

– Ali baba, tu fais le pauvre et dans ta maison miteuse, tu comptes l'or comme le grainetier compte son grain.

– De quoi me parles-tu mon frère ?

Mais devant la pièce poisseuse que son frère brandit sous son nez, Ali Baba n'a d'autre choix que de raconter toute son histoire.

Kassim rentre chez lui et cette nuit là, il ne dort pas. Il rassemble sacs, paniers, coffres,... harnache dix ânes capables de porter une lourde charge et au premier chant du coq, prend le chemin de la forêt. Il reconnaît immédiatement le rocher à la paroi lisse et sans attendre, il crie :

– « Sésame, ouvre-toi ! »

Le rocher s'ouvre, Kassim entre, le rocher se ferme derrière lui. A l'intérieur de la caverne, Kassim ne sait où porter les yeux, où mettre les pieds, où poser les mains. Il court d'un coin à l'autre, s'arrache les poils de la barbe et prie tous les prophètes. Quand il se ressaisit enfin, il remplit ses sacs.

– Par Allah, je reviendrai avec autant d'ânes qu'il faudra pour porter ce trésor !

Les premiers sacs pleins, Kassim retourne vers la sortie et face à la paroi, crie :

– Orge, ouvre-toi !

Rien ne bouge.

– Orge, ouvre-toi ! Orge, ouvre-toi !

La tête pleine des lumières du trésor, Kassim a obscurci sa mémoire.

– Avoine, ouvre-toi !

Le rocher ne bouge pas. Les perles de sueur inondent le visage du pauvre Kassim, ses tripes se nouent, ses jambes flageolent.

– Seigle, ouvre-toi ! Millet, ouvre-toi ! Blé, ouvre-toi ! Sarrasin, ouvre-toi !

Comme le semeur sème dans les champs, le nom de toutes les graines est jeté à la volée, contre la paroi. Mais le rocher paraît plus lisse et plus compact que jamais. Alors que Kassim cherche toujours la bonne semence, et que dehors, le soleil lance ses rayons les plus chauds, les oiseaux se taisent soudain.

Comme chaque jour, à l'heure où chacun partage le pain au frais de ses murs, quarante chevaux soulèvent la poussière du chemin qui mène au rocher. Quarante chevaux montés par quarante bandits qui rient, vocifèrent, s'injurient et brandissent leurs armes.

Les quarante, pas un de plus, pas un de moins, descendent de leur monture, pressés de goûter à l'air froid de leur caverne. Face au rocher, le chef crie :

– « Sésame, ouvre-toi ! »

Sésame ! Derrière la paroi, l'infortuné entend le mot magique comme un cri effroyable. Dès que la roche se sépare, Kassim fonce, tête baissée, dans les jambes du chef des voleurs. Il se retrouve dehors et tombe sous trente neuf sabres pointés. Les lames se disputent le corps du pauvre Kassim et le séparent en tête, bras, jambes et tronc. Les bandits essuient leurs lames. Leur chef les félicite.

– Très bien mes frères, voilà un curieux qui ne parlera pas. Avant de trouver comment il est entré ici, disposons ses morceaux à l'entrée de la salle du trésor, cela dissuadera les fouineurs de toutes espèces. Ainsi fut dit, ainsi fut fait. Le rocher refermé, les quarante pilleurs sautent en selle et cavalent vers d'autres caravanes, malles ou bourses pleines.

Dans sa maison, l'épouse de Kassim prépare un repas de fête pour accueillir son époux et mieux encore la fortune nouvelle qu'il va ramener. Alors qu'elle ne distingue plus les poules blanches des poules noires au fond de la cour, il n'y a toujours pas l'ombre d'un Kassim.

Passe une heure, elle attend. Passent deux heures, elle attend. Au premier cri de la chouette, elle ne tient plus, elle court chez Ali Baba.

– Je suis morte d'inquiétude. Ton frère s'est rendu à l'endroit que tu sais et il n'est toujours pas rentré.

– Ne te fais pas de soucis, il a certainement attendu la nuit pour se mettre en route et ne pas attirer l'attention.

Aux premières lueurs de l'aube, il n'y a toujours pas l'ombre d'un Kassim. Ali Baba harnache ses trois ânes et s'en va vers la forêt en craignant le pire. Il arrive devant le rocher, à ses pieds, le sol est rouge de sang.

N'écoutant que son courage, il crie :

– « Sésame, ouvre-toi ! »

Ali Baba avance dans la galerie. Il trébuche sur une masse inerte qui roule un peu plus loin. Il se penche et ramasse la tête de son frère !... Malgré son affolement, il arrive à mettre un pied devant l'autre et quelques pas plus loin, il bute sur le tronc de son frère, puis il trouve les jambes et les bras de Kassim.

Tout se bouscule dans la tête d'Ali Baba. Il ramasse les morceaux de son frère, les met dans un sac, charge le sac sur un âne. Il remplit ensuite deux sacs d'or, les charge sur les deux autres ânes et rentre chez lui. A son retour, il est accueilli par Morgiane, sa fille adoptive.

– O ma fille, tu arrives à point. J'ai besoin de ton habilité, de ton courage et de ta discrétion.

Ali Baba raconte à Morgiane la triste fin de son frère.

– Nous devons trouver le moyen de faire passer le crime pour une mort naturelle. Personne ne doit savoir ce qui est arrivé à Kassim.

Pendant que Morgiane cherche la solution à leur problème, Ali Baba va chez sa belle-soeur et lorsqu'elle le voit rentrer sans Kassim, elle comprend. Avant qu'elle ne crie son malheur à la ronde, Ali Baba entoure de ses bras les épaules de la veuve et lui parle doucement à l'oreille :

– Apaise tes tourments, calme ton coeur. Allah nous a comblé de sa bonté. Je t'offre d'entrer dans ma maison comme seconde épouse. Ainsi réconfortée, elle accepte et devient une soeur aimante et dévouée pour l'épouse d'Ali Baba.

Morgiane ne perd pas de temps, elle va au souk à la rencontre d'un vieux savetier, Mustapha. Elle tend une pièce d'or sous les yeux du vieil homme.

– Il y en aura d'autres si tu mets à mon service la dextérité qui fait ta réputation.

– Tes désirs sont des ordres ma gentille, que puis-je faire pour toi ?

– Prends tes aiguilles, du fil fin et solide et viens avec moi. Avant de partir, je devrai te bander les yeux.

Ce faisant, Morgiane glisse une deuxième pièce dans la main du savetier qui la suit, sans résister. Dans la cave de la maison, Mustapha recoud les six morceaux de Kassim.

Morgiane le récompense, lui cache la vue à nouveau et le reconduit au souk. Sitôt rentrée, elle lave le corps, le recouvre d'un linceul et aidée par son père adoptif, le dépose dans le bois mortuaire. Ali Baba convoque l'Imam, les lecteurs du Coran, les voisins et tous partent en cortège vers le cimetière. Kassim est mis en terre sans que personne ne sache la cause véritable de sa mort.

Le lendemain, à l'heure où le soleil darde ses rayons les plus chauds, les bandits rentrent au repaire. Quand la pierre se referme derrière le dernier, il entend des cris, des grondements, des grincements de dents, et comme venant d'une seule voix :

– Les morceaux de l'étranger ont disparu ! Il y a un trou dans notre tas d'or !

Les trente neuf voleurs se rassemblent. Serrés, coude contre coude, ils attendent la sentence de leur chef.

– Nous sommes perdus à jamais si nous ne trouvons pas le complice de ce voleur. Nous ne pouvons pas le laisser puiser dans le trésor récolté depuis tant d'années à la sueur de notre front. L'un d'entre de vous ira en ville, déguisé en derviche et sera à l'affût du moindre bruit sur l'homme dont nous avons fait six morceaux. Si les informations qu'il rapporte sont fausses, il sera mis à mort.

A la fine pointe de l'aube, un volontaire déguisé en derviche se promène à l'intérieur du souk. A cette heure matinale, tous les volets sont clos, le seul à être déjà au travail est Mustapha. Il confectionne des babouches dont la couleur, la forme et le grain du cuir attirent l'oeil du voleur.

– Je vois, mon père, qu'à ton âge, tes doigts sont encore bien habiles.

– Si tu savais, derviche, à mon âge je suis même capable de recoudre les six morceaux d'un mort.

Les poils de la barbe du bandit se hérissent, il éteint l'éclat cruel de son regard, prend sa voix la plus douce et fait tinter les pièces au fond de sa poche.

– O mon père, que dis-tu là, un mort en six morceaux ? Peux-tu me dire où tu t'es exercé à une telle prouesse ?

– Je voudrais même t'y conduire que je ne pourrais pas pour la simple raison que je m'y suis rendu en aveugle.

Dans le fond de sa poche, la main du derviche secoue les pièces. Leur tintement résonne aux oreilles de Mustapha comme un appel irrésistible.

– Bon, si tu veux vraiment, peut être que si j'ai à nouveau les yeux bandés, je retrouverai la maison en question.

Le derviche noue un bandeau devant les yeux de Mustapha, le prend par le bras et part avec lui dans les dédales de la ville. Le vieil homme pose les mains où il les a posées la première fois et il reconnaît chaque heurtoir, chaque coin de maison, chaque bruit de fontaine.

– Nous y sommes derviche, je viens de trébucher au même endroit et je sens la même odeur de crottin qui s'échappe de la cour.

Le voleur est transporté de joie, il enlève le bandeau du vieillard, le récompense largement de sa peine, fait un trait à la craie à la porte de la maison et se hâte d'aller retrouver ses comparses.

Or, en fin de journée, Morgiane rentre. Elle est intriguée par ce trait sur la porte.

– Le trait a été dessiné par une main ennemie. Et, si quelqu'un veut du mal à mon père, il faut conjurer le sort et tracer le même trait sur chaque porte du quartier.

Quelques heures plus tard, la troupe des voleurs arrive dans la rue d'Ali baba. Les bandits se dispersent et quand ils se rassemblent, ils ont chacun trouvé la bonne porte. Inquiet de la tournure que prennent les événements, le chef leur fait signe de sauter en selle. Ils galopent jusqu'à la forêt et quand ils arrivent au rocher, ils forment un cercle, traînent le menteur au centre et lui coupent la tête. Un autre voleur se porte volontaire, part au souk et va trouver Mustapha. Au bras du bandit, le vieillard pose les pieds sur le même chemin et ils arrivent à la maison d'Ali baba. Le voleur marque un trait rouge sur la porte.

La nuit, la troupe des voleurs arrive dans la rue d'Ali baba, les bandits se dispersent et quand ils se rassemblent, ils ont chacun trouvé la bonne porte. Ils retournent d'où ils sont venus en fulminant, crachant et jurant dans leur barbe noire. Quand le jour éclaire le rocher, une nouvelle tête tombe.

Le chef décide de mener cette affaire lui-même et quand il est avec Mustapha devant la maison d'Ali Baba, il imprime dans sa mémoire la moindre fissure, la place du plus petit clou, la plus légère nuance de couleur sur le bois des volets et certain qu'il reconnaîtra la façade entre mille, il s'empresse de retrouver ses complices.

– J'ai trouvé ce que nous cherchons et notre vengeance sera terrible. Il y a dans la caverne trente-huit jarres à huile. Vous entrerez chacun dans une jarre et je remplirai la dernière d'huile. Je chargerai les jarres sur des ânes et je conduirai cette caravane là où elle doit aller.

Déguisé en marchand d'huile, le chef des voleurs conduit ses ânes à travers les rues de la ville et arrive à la maison d'Ali Baba.

– O mon maître, je viens livrer de l'huile dans votre ville et je ne sais pas où passer la nuit et faire reposer mes ânes.

– Sois le bienvenu ici, que ma demeure t'apporte repos et réconfort.

Les serviteurs d'Ali Baba soulagent les ânes de leur fardeau et alignent les jarres au fond de la cour.

Le marchand d'huile est convié à la table du maître de maison. Quand l'hôte est rassasié, et que le sommeil gagne son corps, Morgiane le conduit à sa chambre. Elle redescend ensuite ranger les restes du repas quand soudain la lampe à huile s'éteint.

Morgiane est très contrariée. A cette heure, les boutiques sont fermées et il n'y a plus une goutte d'huile dans la maison. Elle appelle Abdallah, le serviteur.

– Ne te fais pas de souci, maîtresse, il y a, au fond de la cour, plus d'huile qu'il ne faut pour éclairer toute la ville.

Forte du conseil du serviteur, Morgiane sort avec son pot à huile. Elle ouvre la première jarre et y plonge son pot. Il heurte un crâne, une tête hirsute et chiffonnée surgit de la jarre en sifflant.

– C'est le signal du chef, c'est le moment !

Le coeur de Morgiane s'arrête de battre, ses joues se vident de leur sang. Sous sa robe, ses jambes tremblent. Morgiane voit l'heure de sa mort arriver. Elle ferme les yeux, s'apaise soudain, fait appel à toutes ses ressources et murmure très vite à l'oreille qui dépasse de la jarre.

– Ce n'est pas le moment, ton maître dort encore.

Elle ouvre de la sorte toutes les jarres suivantes et à chaque homme qui se déplie, redit les mêmes mots. Quand elle soulève le couvercle de la trente huitième jarre, aucune tête ne pointe. Morgiane y plonge alors son pot et le ressort plein d'une huile épaisse et odorante.

Elle court à la cuisine, allume un grand feu, y pose la chaudière à lessive et verse tout le contenu de la dernière jarre dans ce récipient. Lorsque le liquide crépite et que des gouttes brûlantes s'échappent de la chaudière, Morgiane verse l'huile dans une cruche, ouvre le couvercle de chaque jarre et ébouillante ainsi les trente sept voleurs.

Ensuite, Morgiane retourne dans sa chambre et regarde par la fenêtre. Dans la pâle clarté d'un croissant de lune, elle voit la silhouette du marchand d'huile se diriger à pas de loup vers le fond de la cour, s'approcher de la première jarre et en frapper le flanc avec le pommeau de son sabre. Un coup, deux coups, trois coups, rien ne bouge.

Il hôte le couvercle, se penche et découvre un spectacle d'horreur : l'occupant est bouilli, encore fumant. Saisi de dégoût et d'effroi, le chef des bandits prend la fuite par dessus le mur de la maison.

Pendant plusieurs mois, ni Ali Baba, ni Morgiane, ni ses deux épouses ne parlent du trésor et des quarante voleurs.

Un jour, le fils aîné d'Ali Baba rentre à la maison, après une journée de travail au souk.
– Mon père, j'ai un nouveau voisin au souk, il me gâte beaucoup et m'invite très souvent à partager son repas. J'aimerais lui rendre les honneurs en l'invitant à notre table.

Ali Baba accompagne son fils chez le riche marchand et l'invite au repas du soir.
– O cheik Ali Baba, je te remercie de ton invitation mais il faut que tu saches, j'ai fait un jour le serment de ne jamais porter le moindre grain de sel à ma bouche.
– S'il n'y a que cela, honorable marchand, je donnerai les ordres en cuisine pour que le sel ne tombe sur aucun plat.

Ali Baba donne l'ordre à Morgiane de ne saler aucune nourriture. Ce soir là, Morgiane, curieuse de voir à quoi ressemble celui qui se satisfait d'une nourriture fade, décide de servir elle-même le repas.

Au premier plat, elle ose croiser furtivement le regard de l'invité et la flamme qui brille dans les yeux du marchand lui rappelle quelqu'un. Au deuxième plat, elle s'attarde plus longuement au milieu des rires des convives et quand soudain le sourire de leur hôte se mue en grimace, sa mémoire s'éclaire.

Lorsque vient le moment du thé, Morgiane entre, elle est habillée en danseuse : la taille ceinte d'une chaîne en or fin, les chevilles et les poignets garnis de bracelets, à la ceinture de son pantalon de soie est accroché un petit poignard à longue lame qui brille de tout son feu. Abdallah l'accompagne avec un tambourin. Morgiane s'avance et face aux convives, elle danse.

Quand doucement les spectateurs s'abandonnent au rythme ondulant de son corps, elle prend son poignard en main. Elle avance et recule, cambre les reins, offre à leurs regards son beau ventre blanc, lève son poignard et le pointe tantôt vers eux, tantôt vers son propre coeur. Puis, comme pour briser l'envoûtement, le tambourin s'arrête. Morgiane bondit sur le marchand et lui transperce le coeur avec son poignard.

Ali Baba saute sur ses pieds.

– Mais tu es devenue folle ma fille ! Tu veux notre perte !

– Mon père, c'est plutôt ce chien qui voulait la notre, n'as-tu pas reconnu, derrière les turbans et les vêtements, la face cruelle du chef des voleurs ?

– O, ma bonne, ma fidèle, ma vaillante, tu as sauvé ma vie. Viens que je te serre contre mon coeur. Je veux te faire entrer définitivement dans la famille en te donnant mon fils aîné comme époux.

Le nom de la précieuse semence fut transmis de fils en fils et tous les descendants du bûcheron aux trois ânes vécurent dans la plus grande félicité.

Source

Contes des Mille et Une Nuits,
traduit par Joseph-Charles Madrus, R. Laffont

Titres parus dans la collection Contes du Monde

La femme chef, conte d'Afrique centrale

La fille orgueilleuse, conte du Sénégal

Marirda des cendres, version berbère de Cendrillon

Bon Sel, version catalane de Cendrillon

La septième tache du Monstre, conte sioux

Pour l'amour de Safra, conte du Sud algérien

Ali Baba et les quarante voleurs, conte du Moyen-Orient

Une femme ne se partage pas, conte du Tchad